BT
NATURE

SOMMAIRE

Les œufs 4

L'éclosion 6

La croissance 8

La nourriture 10

Le cocon 12

La fabrication de la soie 14

Le dévidage et la filature 16
- La filature manuelle 17
- La filature mécanique 18

Le moulinage 19

La métamorphose 20

La reproduction 22

Les magnaneries 24

Histoire de la soie 26

La route de la soie 28
- La soie sort de Chine au IIe siècle avant J.-C. 28
- A partir du IIe siècle après J.-C. 29
- Les croisades donnent un nouvel essor 29
- Première route directe entre l'Europe et l'Inde 29
- Les produits échangés 29

La soie en France 30
- Au XVIe siècle 30
- Au milieu du XIXe siècle 30
- Qu'est-ce que le « secret de fabrication » ? 31

Vers un renouveau ? 32

Glossaire 34

BT NATURE

Le Ver à soie

pemf

LE VER A

La soie est un produit de luxe. Elle l'a toujours été. Son origine remonte très loin dans le temps en Chine. A ce propos, on raconte que vers 2690 avant J.-C., l'épouse de l'empereur Hoang-Ti prenait le thé sous les ombrages. Voulant retirer un cocon tombé dans sa tasse, elle en saisit un fil qui ne finissait pas de se dérouler. C'est ainsi que serait née la filature du fil de soie naturelle.

L'élevage du ver à soie, appelé **sériciculture,** se développe uniquement en Chine pendant de nombreux siècles. Les secrets de la fabrication de la soie atteignent Constantinople au VIe siècle après J.-C. et la Sicile au XIIe siècle.

Il faut encore de nombreuses années aux Européens pour obtenir une soie de la même qualité que celle offerte par la Chine.

La soie est un fil naturel d'origine animale.
Elle est produite par la chenille d'un papillon, ***le bombyx du mûrier*** ou ***Bombyx mori.***
Dans ce reportage nous adoptons le terme **ver à soie** communément admis.

SOIE

Détail d'un éventail chinois fait en soie.

LES ŒUFS

Les œufs que l'on appelle **graines** sont au point de départ de tous les élevages. Ils sont très petits et ronds. Leur dimension est de l'ordre du millimètre de diamètre.
Dans un gramme de graines, il y en a mille deux cents à mille huit cents.

Les œufs, jaunes au moment de la ponte, prennent une couleur grise au bout de quelques jours. Les œufs qui deviennent blancs ne donneront pas de chenilles : on dit qu'ils sont stériles.
L'éclosion des œufs doit coïncider avec la pousse des feuilles du mûrier, seul aliment des vers à soie.

Boîte de graines de vers à soie d'une contenance de 1 à 2 onces. L'once était une mesure qui équivalait à 25 g environ.

Le ver à soie présente une particularité biologique : **la diapause,** c'est-à-dire un arrêt du développement de l'embryon dans l'œuf, quatre à cinq jours après la fécondation ; la graine vit au ralenti pendant quatre mois à une température de 22 °C, c'est **l'estivation.** Pour faire repartir le développement de l'embryon, il faut mettre les graines en **hivernation*,** au frais, à une température de 5-6 °C pendant trois mois.

Œufs jaunes au moment de la ponte

*** Hivernation :** période d'environ trois mois pendant laquelle les œufs du ver à soie doivent subir l'action du froid pour reprendre leur développement.

Conseils pour élever des vers à soie

Il est préférable de commander des graines en octobre alors que les graines sont encore en estivation afin de les mettre en hivernation dans une cave fraîche ou dans le bac à légumes d'un réfrigérateur. L'hivernation ne doit pas dépasser six mois. Par rapport à la pousse des feuilles de mûrier vous pouvez calculer le début de l'hivernation.

L'ÉCLOSION

L'éclosion est provoquée artificiellement quand le mûrier annonce ses feuilles, c'est-à-dire au mois d'avril en année normale.
Il faut réchauffer progressivement les œufs jusqu'à 24 °C. Cela demande une douzaine de jours : c'est le temps de **l'incubation** qui mène à l'éclosion.

Longtemps, on a utilisé la chaleur du corps humain pour cette incubation. Les femmes portaient des sacs de graines sur leur poitrine ou sur leur ventre : on disait alors qu'elles couvaient. Il fallait éviter de faire des travaux provoquant une transpiration trop abondante ou ne pas se mettre trop près du poêle. *« La graine se donnera à une femme qui la met entre deux jupes [...]. Il faut que cette femme soit saine, d'un naturel tranquille, point sujette à la sueur et jeune, les vieilles ont la transpiration trop forte. »*

Mémoire sur l'éducation des vers à soie de 1777

D'autres fois, les graines étaient mises dans un lit chauffé la nuit par les occupants et, la journée, par des bouillottes.

Incubateur

Les conseillers de l'élevage du ver à soie ne sont pas favorables à ces façons de faire qui manquent d'aération. Ils recommandent l'usage **d'un incubateur.** Une double paroi est remplie d'eau. L'appareil est chauffé à la base par une lampe à pétrole ou par des lampions flottant sur un récipient contenant un mélange d'eau et d'huile. Par la suite, il sera chauffé à l'électricité.

Gravure de 1602 extraite de *Bref discours contenant la manière de nourrir les vers à soie.*

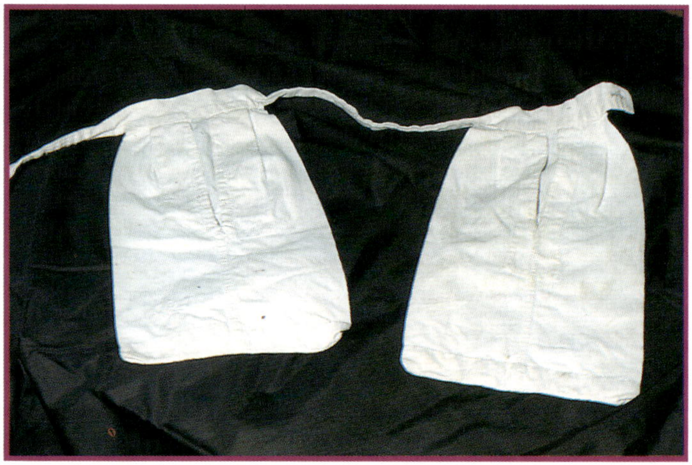

Tablier à poches servant à incuber des graines de vers à soie.

Conseil

Si l'on utilise la chaleur d'une pièce à 20-23 °C, le temps d'incubation est plus long : il faut compter quinze jours.
Ne pas oublier de maintenir une humidité constante en mettant un récipient rempli d'eau sur les radiateurs.

Douze à quatorze jours plus tard, les premiers vers sortent. Un petit point noir apparaît sur l'œuf, puis la tête noire, brillante, pointe.
Petit à petit, la chenille parvient à se dégager. Elle est noire, couverte de poils et mesure environ 3 mm. Immédiatement, elle part à la recherche de nourriture. L'éclosion a duré un quart d'heure.

LA CROISSANCE

En l'espace de trente jours, le ver multiplie par dix mille son poids initial. Il grandit pour atteindre 6 à 8 cm.

Par comparaison, à la naissance, un bébé pèse environ 3,6 kg et mesure 50 cm. S'il grandissait dans les mêmes proportions que le ver à soie, il pèserait 28,8 t et mesurerait 12,5 m à l'âge adulte.

Cette croissance importante explique que le ver ait besoin de changer de peau devenue trop petite : c'est ce qu'on appelle **la mue.**
La peau du ver présente deux couches. L'une est profonde et souple, l'autre superficielle et plus rigide. Cette dernière ne se laisse pas étirer et doit éclater pour favoriser la croissance de l'animal. Au moment de la mue, le ver s'immobilise, ne mange plus pendant vingt-quatre heures. Sa tête devient marron clair. Il se fixe à un objet, il dresse sa tête et petit à petit, en s'agitant de droite à gauche, il quitte sa vieille peau qui reste collée à son support.

Le ver subit quatre mues : La première vers le quatrième ou cinquième jour, la seconde vers le onzième, la troisième vers le dix-septième, et la dernière vers le vingt-cinquième jour.
Après chaque mue, le ver occupe plus de place.
Une boîte de 20 000 graines, soit environ 10-12 g, occupe 0,2 m^2 de literie à l'éclosion ; elle demande 15 m^2 après la quatrième mue.

Cette période de croissance demande beaucoup d'attention et de soins.
– Il faut surveiller la température qui est abaissée de 24 à 20 °C, ainsi que l'humidité.
– Dès qu'un ver présente une anomalie, il faut l'enlever car il est sans doute atteint d'une maladie qui pourrait se transmettre aux autres.

– La litière doit être changée au moins une fois par **âge***. Pour cela, on tend un filet ou un papier percé de trous sur lequel sont déposées des feuilles de mûrier, au-dessus des vers ; ceux-ci grimpent sur les feuilles et on peut enlever tout ce qui reste au-dessous.

– Les vers doivent être égalisés, c'est-à-dire être au même rythme de croissance. Aujourd'hui, on élimine les vers en retard lors du changement de litière. Avant, on triait les vers et on les mettait en retard dans un endroit plus chaud, ce qui accélérait la croissance. Cette surveillance continuelle fait penser à une véritable éducation : c'est pourquoi les éleveurs de vers à soie sont appelés **éducateurs.**

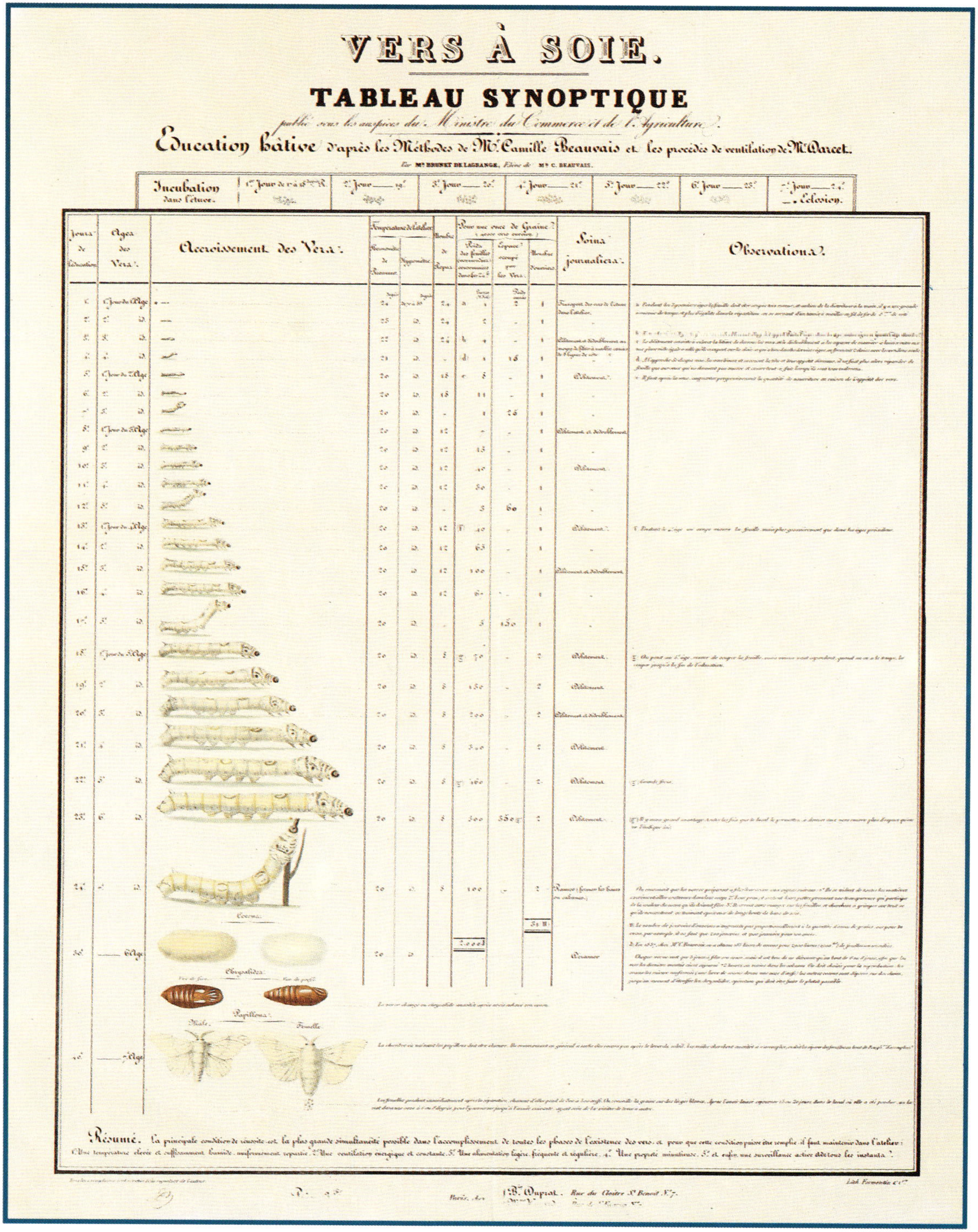

---

* On appelle **âge,** le temps qui sépare deux mues.

LA NOURRITURE

La chenille a besoin d'une nourriture précise pour que le fil de soie devienne solide, fin, élastique : cette nourriture est le mûrier.

Gravure de 1602 extraite de *Bref discours contenant la manière de nourrir les vers à soie.*

Mûriers

On donne trois repas par jour de feuilles fraîches* et sèches.

Pour une boîte de 20 000 graines, il faut :

– le premier jour : 250 g de feuilles ;
– au troisième âge : 18,5 kg de feuilles pour quatre jours ;
– au cinquième âge : 750 kg de rameaux pour huit jours.

* Elles ne doivent pas être stockées plus de vingt-quatre heures.

Pendant la dernière semaine, le ver consomme plus que pendant les quatre premiers âges réunis. C'est le temps de **la grande frèze** où le ver ne fait que manger.

Comment mange-t-il ?
Le ver semble tenir la feuille avec ses « pattes de devant ». Il l'attaque avec ses mandibules par la tranche, toujours de haut en bas. Sa tête agit un peu comme une faux.

Lorsque les vers sont assez gros, on entend bien le bruit de leurs mandibules.

Au premier et au deuxième âge, on hache les feuilles avant de les donner aux vers.

LE COCON

Vers le trentième jour, l'appétit ralentit, les vers cherchent à grimper : le moment de tisser le cocon est venu.

Le corps du ver prend une couleur jaune, couleur de soie.

L'éducateur dresse des rameaux de bruyère en forme d'arceaux.

L'animal grimpe le long des bruyères, choisit l'endroit où il va se fixer : il s'arrime avec des fils de soie attachés en plusieurs points.

Le ver tisse alors son cocon en tournant sur lui-même, la tête décrivant une forme de huit.

Vingt-quatre heures après le début de sa construction, le cocon est bien avancé. Le ver est encore bien visible à contre-jour.

La boîte japonaise accueille un ver à soie qui peut tisser un cocon très régulier.

Le lendemain, on ne peut plus le voir, il est désormais enfermé.
Ouvrez alors le cocon : le ver est là, mais qu'il est petit ! Il ne mesure plus que 2,5 à 3 cm alors qu'il en faisait 8 ou 9. Il s'est vidé de toute sa soie. Refermez le cocon ; le lendemain les deux moitiés sont à nouveau réunies par la dernière **veste*** interne tissée par l'animal. Ainsi, en deux, trois jours, le ver « bave » 800 à 1 500 m de fil de soie formé de deux brins accolés. Une fois terminé, le cocon est composé d'une trentaine de couches de fil.
La soie est le seul fil continu fourni par la nature.

Conseil

La bruyère peut être remplacée par des rameaux de genêts, de thym, des branches de chênes verts, des buis. Le rameau doit être sec, dépourvu de feuilles et de graines. Il faut donc les préparer à l'avance.

Ce hérisson, plus pratique que les rameaux de bruyère, présente néanmoins l'inconvénient de donner des cocons moins réguliers.

* **Veste :** nom donné à la couche de soie « bavée » par le ver à soie.

LA FABRICATION DE LA SOIE

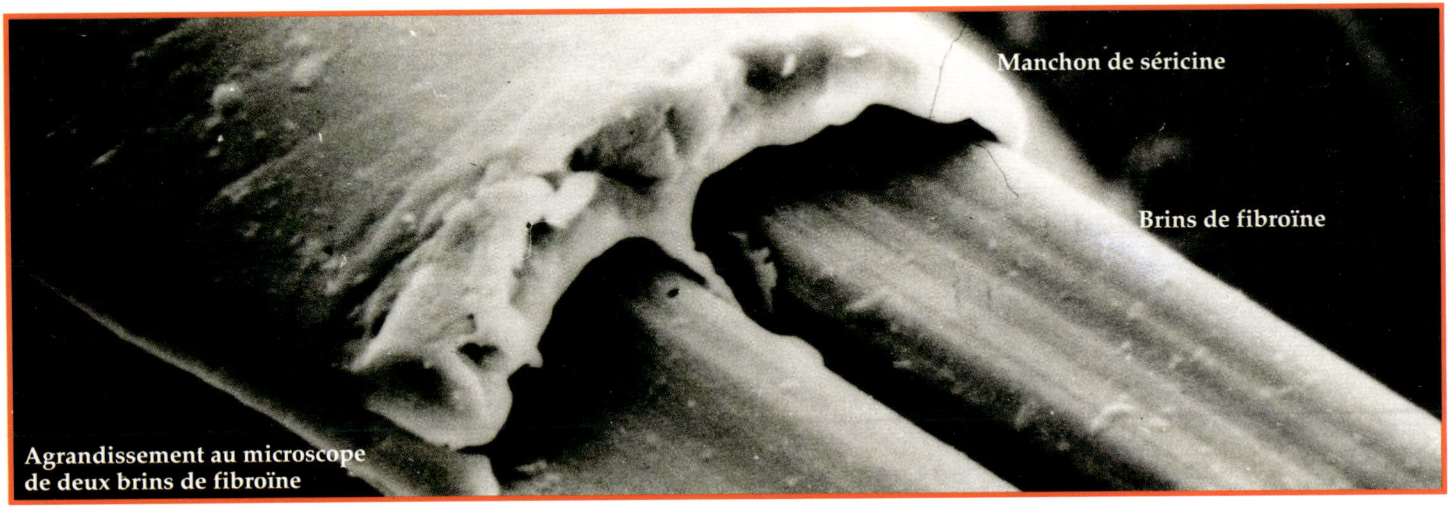

La soie est le produit des déchets de l'alimentation azotée.
Elle est produite par deux glandes. Chacune mesure 25 cm et comprend trois parties. D'arrière en avant :
– une partie étroite de 15 cm de long, c'est le sécréteur où est produite **la fibroïne,** principal constituant de la soie ;
– une réserve soyeuse, le réservoir où sont produites les séricines ou **grès** qui enrobent la fibroïne ;
– une partie très fine, le tube fileur.
Les parties très fines des deux glandes se réunissent à l'avant pour aboutir à la filière.
Les glandes sécrètent un fil appelé **bave.** Ce fil est constitué de deux brins issus de chaque glande et enveloppé de grès. Ce grès forme une glu qui, en séchant à l'air, colle les deux brins ensemble. Ce même grès colle les fils entre eux pour former le cocon.

Le ver à soie n'a qu' une seule occupation : manger pour grandir. Ainsi l'appareil digestif occupe la plus grande partie de son corps. L'appareil reproducteur n'est qu'ébauché.

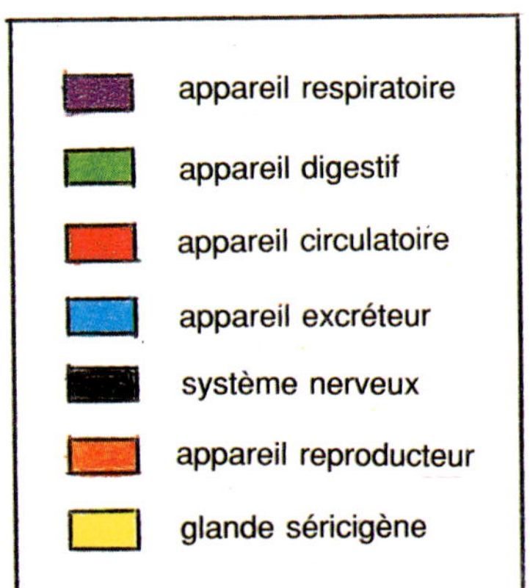

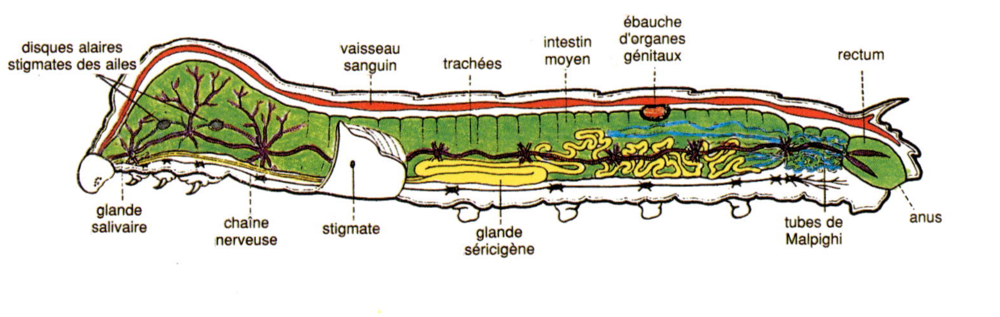

Stigmate : débouché des trachées artères présentant un filtre et maintenu ouvert.

Le rôle du papillon est d'assurer la reproduction. Ainsi le système de reproduction tient la place essentielle alors que le système digestif s'atrophie.

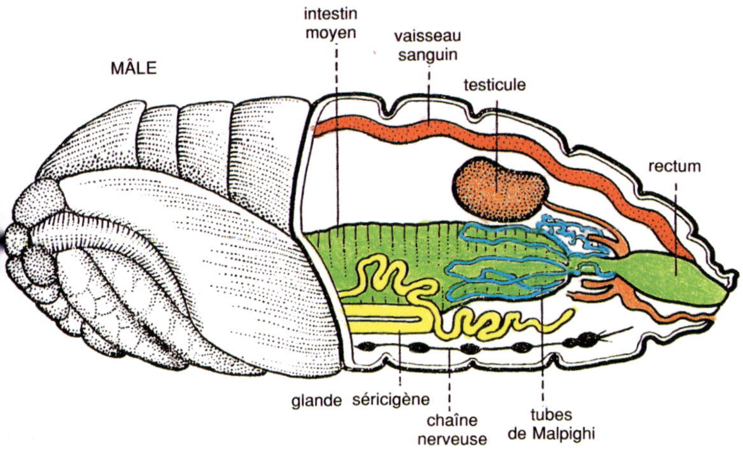

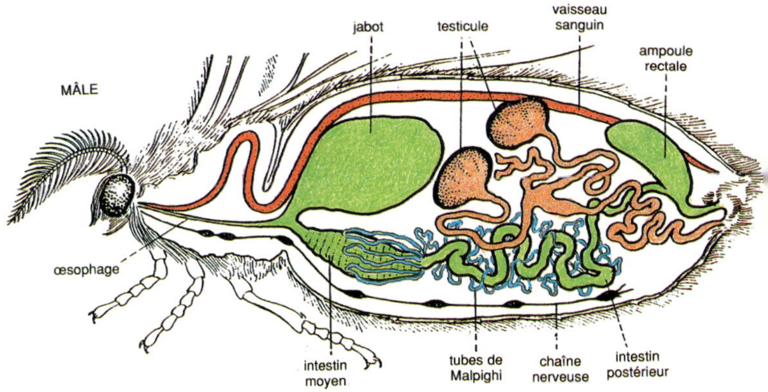

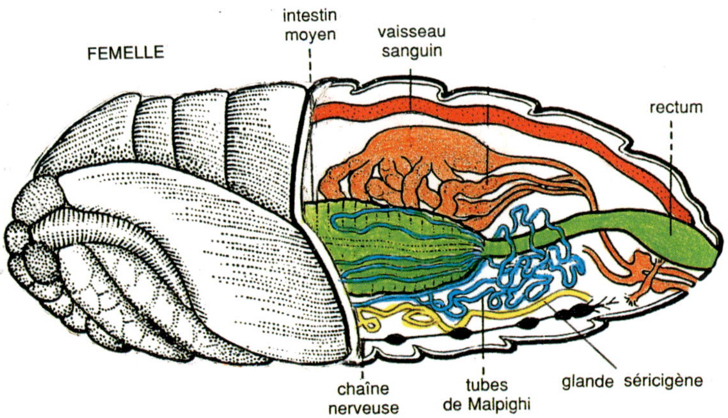

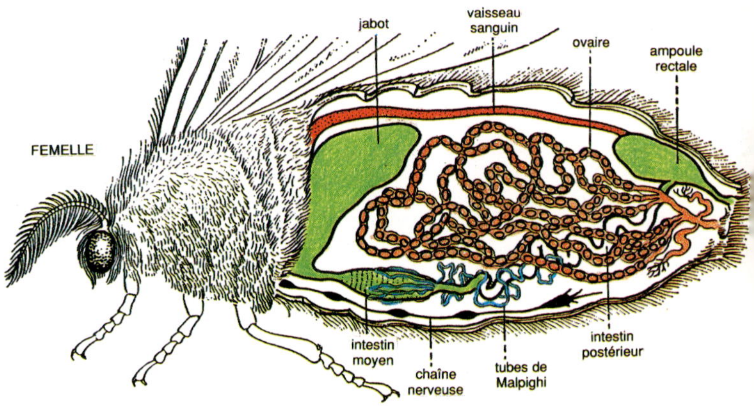

Documents du musée Guimet - Lyon

LE DÉVIDAGE ET LA FILATURE

Huit à dix jours après la fin de la fabrication du cocon, a lieu **le décoconnage.** Il s'agit d'enlever les cocons de leur support, de les trier. Les cocons tachés, mous, percés sont éliminés. Puis, on enlève la bourre ou blaze – soie lâche qui a servi à la fixation du cocon. Seule la partie interne du cocon, formée d'un tissu très serré, composée d'un seul fil, sera dévidée.

Les cocons sont alors étouffés dans une étuve à 70-80 °C pendant huit heures. Il faut tuer la chrysalide sans abîmer le cocon.
Le cocon est alors prêt pour le dévidage. (On peut dévider frais, sans passer par l'étuve ; le rendement est plus élevé de 20 %.)

Gravure de 1602 extraite de *Bref discours contenant la manière de nourrir les vers à soie.*

La filature manuelle

Les cocons sont mis dans l'eau chaude (80-90 °C) pendant quatre à cinq minutes, ce qui fait ramollir le grès. Les cocons sont battus dans cette eau avec de petits balais de bruyère auxquels s'accrochent les maîtres brins. Le fil de chaque cocon étant trop fin pour le tissage, on en réunit plusieurs lors du dévidage. Chaque fil sortant de l'eau chaude a son grès ramolli. Cela permet de réunir plusieurs fils qui se soudent lors du refroidissement du grès. La finesse de la soie obtenue varie selon le nombre de fils joints.

La filature mécanique

Aujourd'hui, seuls les Japonais disposent de machines entièrement automatiques longues de 100 m et fonctionnant avec quatre ouvriers. La soie produite en filature automatique est de meilleure qualité.
Le rendement est supérieur à celui de la filature manuelle : 6 à 7 kg de cocons donnent 1 kg de soie grège en filature automatique ; en filature manuelle, 8 à 10 kg de cocons sont nécessaires.

La machine semi-automatique de Monoblet à 20 bouts sur 6 m de long fonctionne avec deux ouvriers.

LE MOULINAGE

La soie grège n'est pas assez résistante pour être tissée en état. Pour le rendre plus solide, on fait subir une torsion au fil, 150 à 1 000 tours au mètre. Plus le fil de soie est tordu, plus il est résistant mais plus il perd aussi son élasticité. Cela dépend de la qualité de soie souhaitée. Cette opération s'appelle **le moulinage.**
Le fil est prêt pour le tissage.

D'une façon générale, les éducateurs de vers à soie ne sont pas des tisserands. L'éducateur récupère la bourre dont il va faire une couverture ou un doublage de vêtement.

Moulinage de la soie

Soie grège

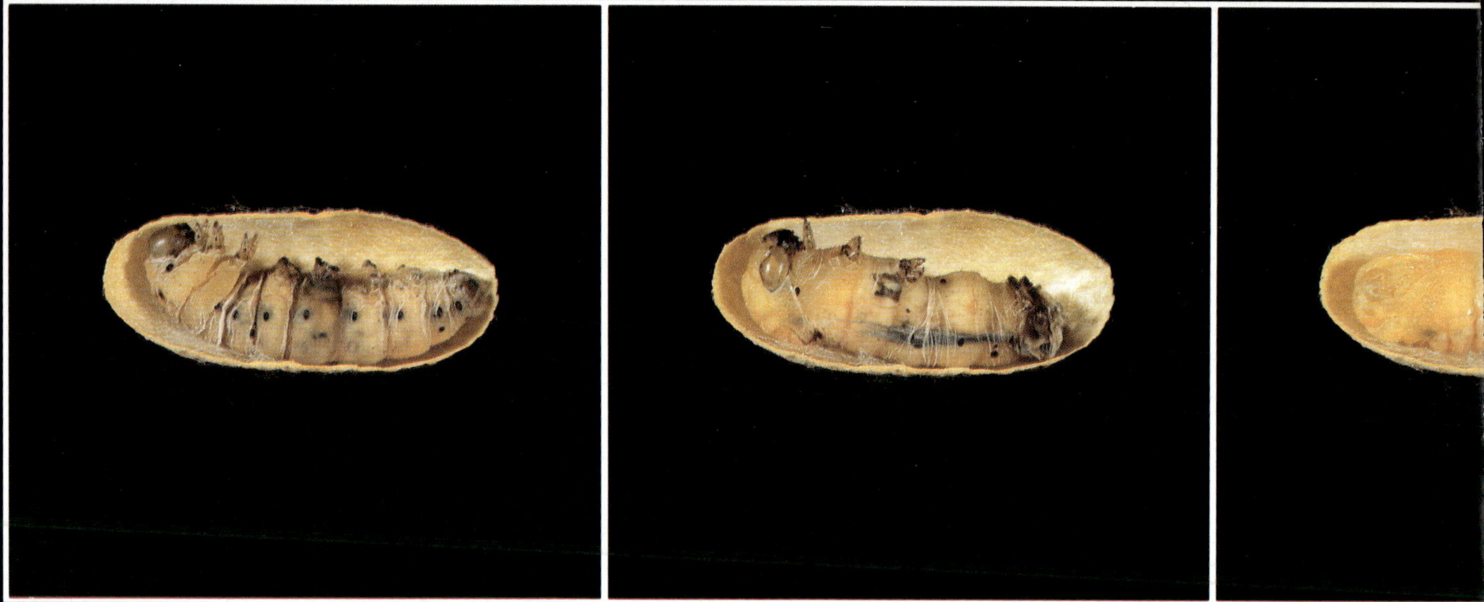

LA MÉTAMORPHOSE

Trois jours après le début du filage, le ver à soie se transforme en chrysalide. Au bout de trois jours, la cuticule de la chrysalide est brune et dure.

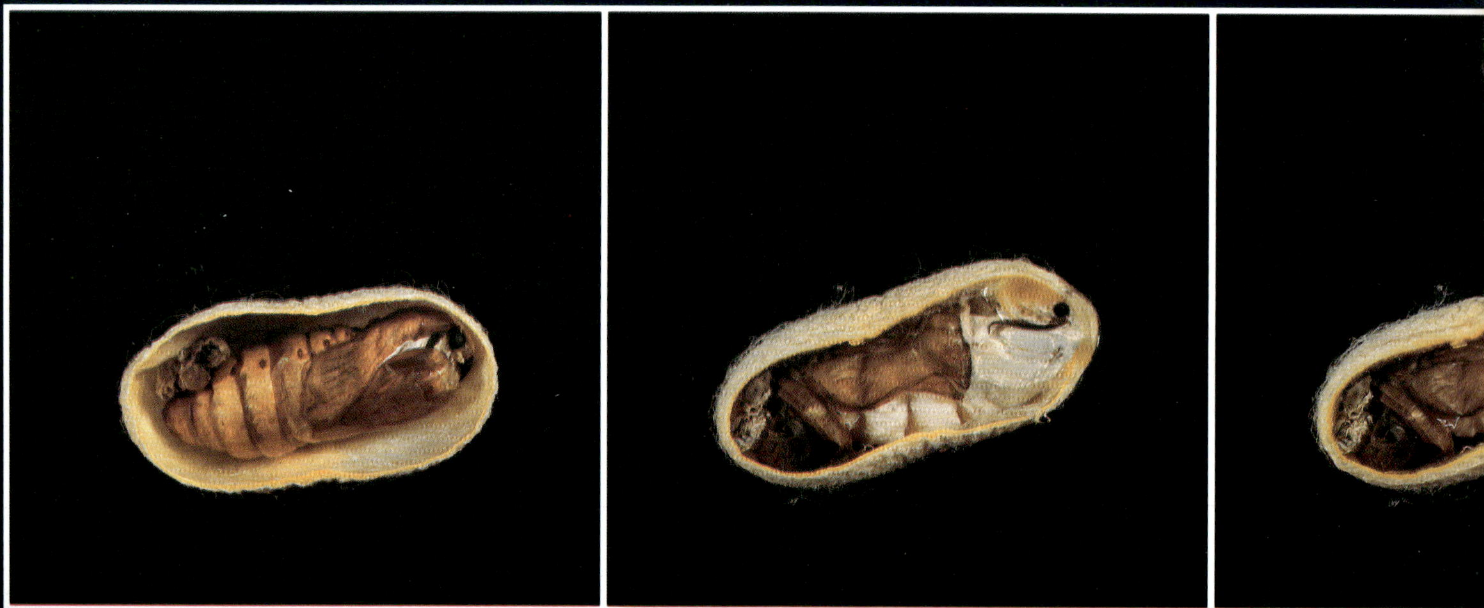

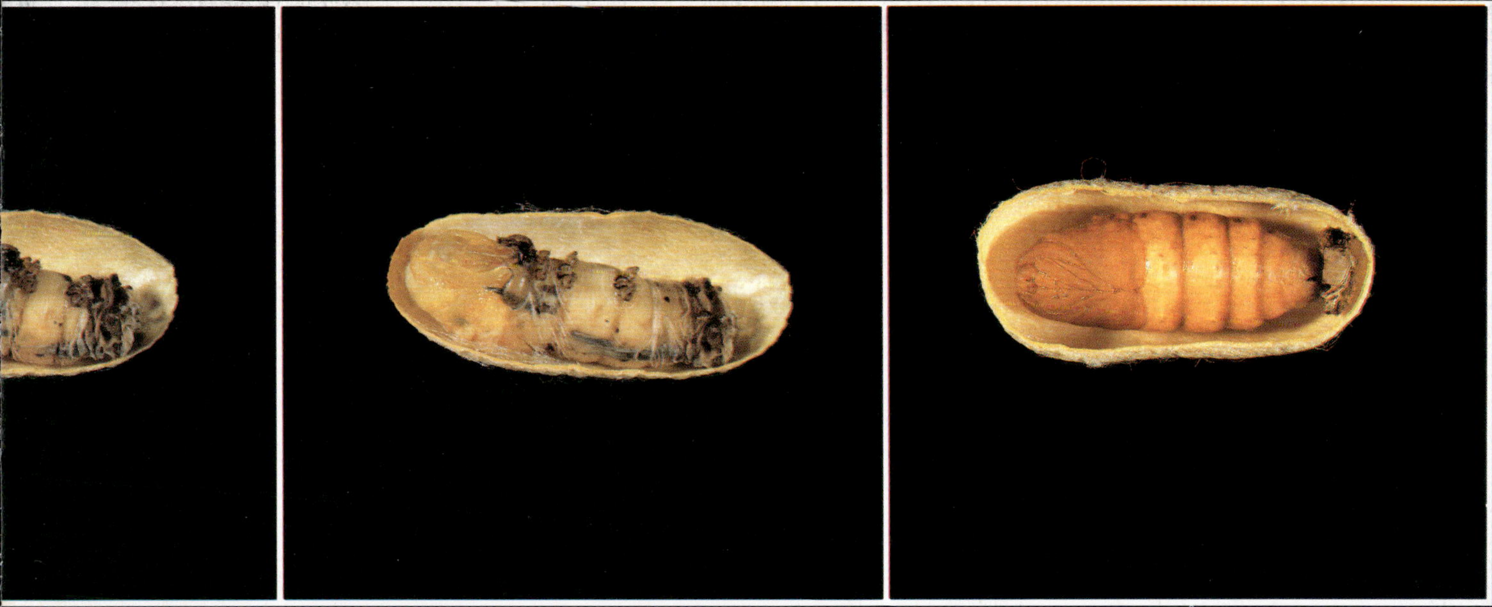

Nous avons alors une nymphe de papillon qui brise d'abord sa chrysalide à l'intérieur du cocon, puis sécrète un liquide qui ramollit le fil de soie. Ainsi le papillon peut écarter les fils pour ouvrir un passage de sortie. Les cocons percés ne sont plus utilisables pour la filature.

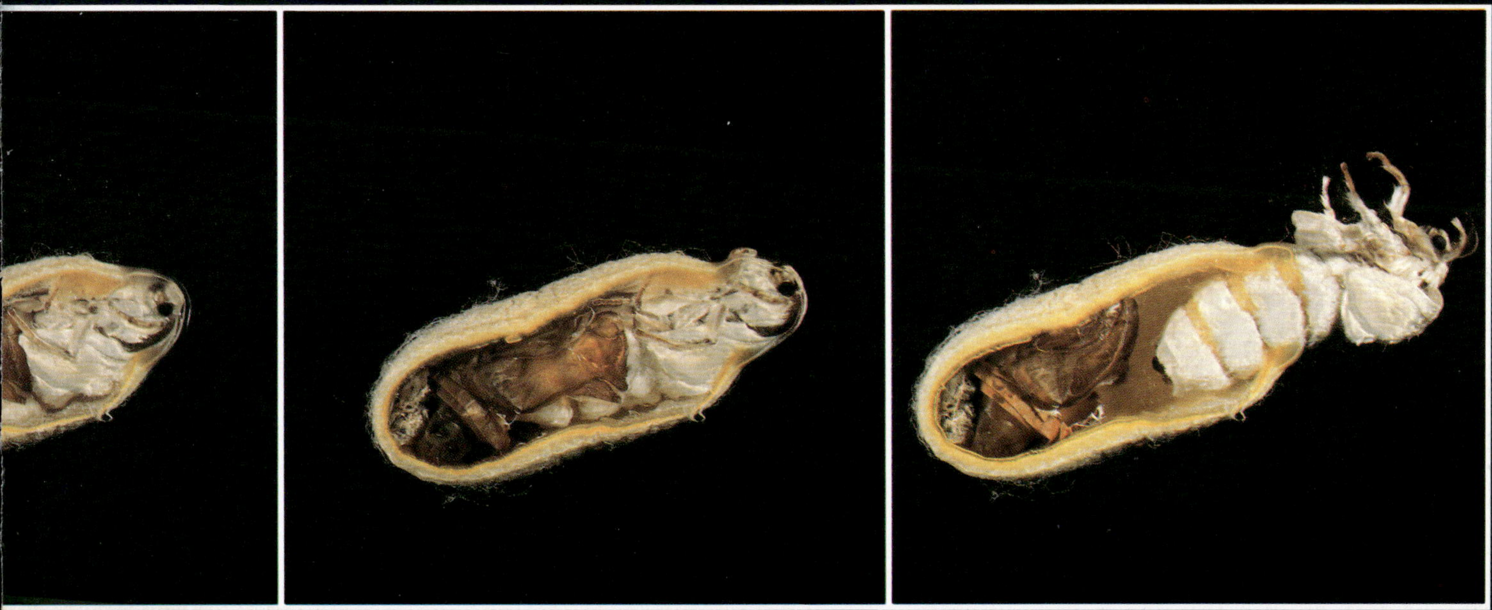

La sortie **du bombyx du mûrier** se fait entre 6 et 9 heures du matin. C'est un papillon nocturne d'un glanc grisâtre à l'aspect peu agréable.

LA REPRODUCTION

Dès leur sortie, mâles et femelles s'accouplent pendant plusieurs heures.
La femelle a l'abdomen plein d'œufs prêts à être fécondés. Elle en pond entre 400 et 600. Les œufs non fécondés restent jaunes.
Le papillon vit une semaine après l'accouplement.
Animal domestiqué depuis très longtemps, il a perdu l'habitude de voler : il est trop lourd pour de trop petites ailes.

Il ne peut ni boire, ni manger : son système digestif est atrophié.
On peut dire que le bombyx du mûrier est le seul animal totalement domestiqué puisqu'il ne peut pas vivre sans l'intervention de l'homme.
Des personnes veillent à la reproduction du ver à soie, les éducateurs en assurent l'élevage.

LES MAGNANERIES

Ancienne magnanerie aux Arcs (Var)

Les magnaneries* sont ces grands bâtiments qui marquent encore très nettement les Cévennes, le Vivarais, pays où la sériciculture fut très vivante.

Nous avons vu que l'élevage des vers à soie demande beaucoup de place. Ces bâtiments renferment de vastes et hautes pièces où sont installées des grandes tables appelées à recevoir les vers, généralement après la troisième mue.

* Le mot magnanerie vient du terme *magnan*, nom provençal du bombyx.

Le ver à soie est un animal fragile. Il craint la chaleur, l'humidité, les courants d'air. Aussi, la construction de ces bâtiments répond à des consignes très précises. Le bâtiment ne doit pas être construit dans des fonds de vallées trop humides ou dans des zones boisées. L'espace doit être bien aéré. L'orientation nord-sud permet de profiter au maximum du soleil qui chauffe les salles. Des fenêtres orientées au nord et des trappes dans le plancher aèrent les pièces en cas de fortes chaleurs.

En haut de gauche à droite :
Bombyx du mûrier
Accouplement des papillons
Nourrissage
Élevage
En bas de gauche à droite :
Mise en place des vers sur claie
Enfumage des cocons
Cocons sur claies
Dévidage de la soie

HISTOIRE DE LA SOIE

Le bombyx du mûrier est originaire de Chine du Nord. Le tissu de soie est attesté dès les XVIIe-XIe siècles avant J.-C. par des empreintes de tissu sur des bronzes.

Les usages sont multiples :

confection de vêtements, de cordes pour instrument de musique, fils de pêche et cordes d'arc.

La bourre de soie est utilisée pour matelasser les vêtements d'hiver et pour faire du papier chiffon.

Dès le VIIe siècle avant J.-C., la soie sert de support à la calligraphie, à la peinture, à la rédaction d'actes officiels. Elle est aussi monnaie : elle sert à payer les fonctionnaires. Les Chinois s'en servent comme monnaie d'échange avec les pays étrangers : c'est ce qui donne naissance à **la route de la soie.**

Planches extraites de *Culture du mûrier et éducation des vers à soie en Chine*
Bibliothèque du musée historique des tissus.

LA ROUTE DE LA SOIE

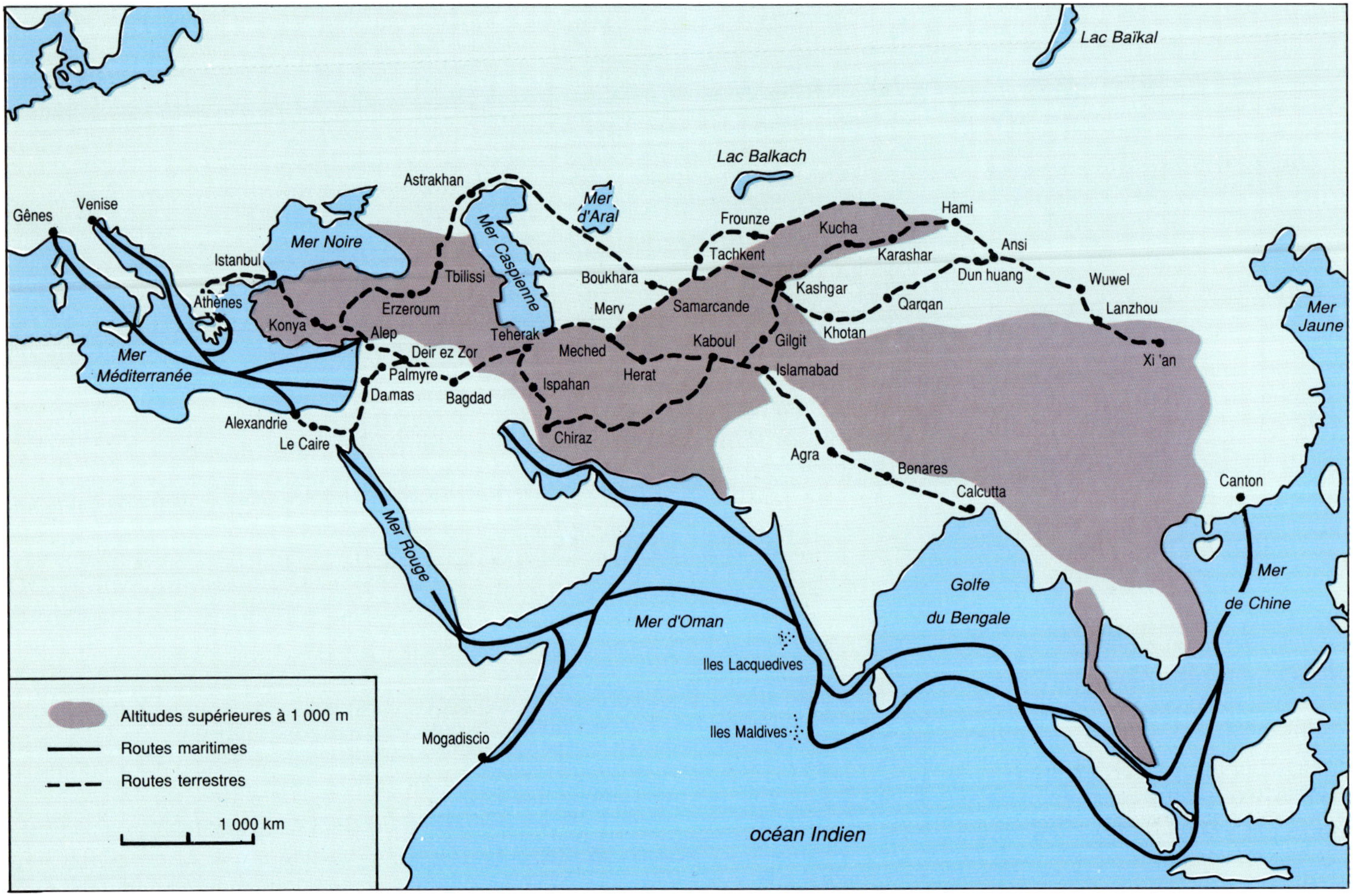

En 53 avant J.-C., les Romains affrontent les archers parthes, dont l'empire s'étend sur l'Iran actuel. Les rescapés de cette bataille racontent qu'ils ont été aveuglés par de grandes étoffes brillantes.

L'Occident vient de découvrir la soie en ignorant tout de son pays d'origine.

Ainsi, dès le Ier siècle avant J.-C., se met en place ce que l'on appelle **la route de la soie.**

La soie sort de Chine au IIe siècle avant J.-C.

Des tribus nomades menacent régulièrement les frontières chinoises. Pour obtenir la paix, les Chinois offrent plusieurs fois l'an de magnifiques cadeaux à ces tribus, parmi lesquels se trouvent des milliers de pièces de soie.

Les nomades échangent ces pièces de soie avec d'autres populations installées plus à l'ouest et ainsi, par

Marchands au port

étapes, elles arrivent jusqu'à l'Empire parthe qui devient le principal marché de la soie entre Chinois et Occidentaux.
Ce sont les ambassadeurs qui créent les premières routes de la soie.

A partir du IIe siècle après J.-C.

Les routes maritimes doublent les routes terrestres grâce à une meilleure connaissance de la mer et, surtout, à celle des vents de mousson qui facilitent les trajets.
Ainsi, Chinois et Romains s'aventurent jusqu'en Inde sans jamais se rencontrer.
Les routes maritimes sont bien connues grâce aux itinéraires décrits par les Chinois à partir du VIIe siècle et par les Arabes au IXe siècle.
A partir du IXe siècle, les Arabes contrôlent l'ensemble du commerce entre l'Orient et l'Occident.

Les croisades donnent un nouvel essor aux routes terrestres à partir du XIIe siècle.

Les croisades profitent essentiellement aux marchands vénitiens et gênois qui souhaitent voir se développer d'autres routes afin d'éviter les taxes levées par les Arabes.

L'unification des peuples d'Asie sous la domination mongole permet le tracé de routes à travers les steppes.
C'est au cours de cette période que se situe le voyage de Marco Polo, de 1271 à 1295.
Ce commerce par voie terrestre cesse au XIVe siècle : la peste frappe durement l'Europe en 1348 ; et le pouvoir mongol faiblit entraînant la reprise des guerres en Asie.

Au XVIe siècle, les Portugais ouvrent la première route directe entre l'Europe et l'Inde.

Les Portugais prouvent en 1563 que la Chine qu'ils découvrent et le Cathay décrit par Marco Polo ne sont qu'un seul et même pays.

Les produits échangés

L'expression **route de la soie** date de la fin du XIXe siècle. Cette route fut une route commerciale où en plus de la soie, étaient échangés des épices, des parfums, des bois aromatiques, de l'ivoire, du coton, de la porcelaine, du papier.
Elle fut à l'origine d'échanges techniques (comme la boussole), religieux...

LA SOIE EN FRANCE

Les secrets de fabrication se répandent par l'Inde et l'Iran, mais n'atteignent l'Europe qu'aux XIIe et XIVe siècles par les villes italiennes de Lucques et Pise. Un document daté de 1361 fait état de l'achat de cocons par un marchand du Gard.

Au XVIe siècle, des ateliers de tissage de la soie sont très actifs à Tours et à Lyon, mais la France ne produit pas assez de fil de soie pour ces ateliers. Ainsi, pour diminuer les importations de fil, Henri IV encourage la culture du mûrier et l'élevage du ver à soie. Il demande à Olivier de Serres d'être l'artisan de ce développement. Quatre cent mille mûriers sont plantés dans le Midi, le Dauphiné, la région lyonnaise. Colbert, à la fin du XVIIe siècle relance la production et la sériciculture connaît un essor qui va croissant jusqu'au XIXe siècle.

Des régions comme l'Ardèche sont bouleversées par la culture du ver à soie ; tout le monde en fait, le pays se couvre de mûriers, de magnaneries, de moulins pour le moulinage. La soie rapporte plus que n'importe quelle autre culture.

Au milieu du XIXe siècle, la maladie frappe la sériciculture. L'épidémie touche toutes les régions. C'est **la pébrine,** les vers prennent une couleur grise, couleur de poivre (en provençal, *pèbre* signifie poivre).
La production de cocons qui était de 26 000 t tombe à 7 500 t en 1857 et à 4 000 t en 1865. Les recherches de Pasteur n'arrêtent pas le déclin de la culture du ver à soie.

La Fabrique lyonnaise, qui regroupe les négociants en soie, s'approvisionne en soie grège moins chère venant de l'Extrême-Orient. La production diminue malgré les aides apportées par l'État. En 1967, la France produit 10 t de cocons.

Décoconnage à Mouans-Sartoux (Alpes-Maritimes)

Microscope utilisé par Louis Pasteur pour mettre en évidence la pébrine

Affiche du ministère de l'Agriculture en 1941

Qu'est-ce que le « secret de fabrication » ?

En Chine, l'élevage du ver à soie est le privilège des princes.
La production est protégée par des lois très sévères : c'est la peine de mort pour quiconque dévoilerait les techniques d'élevage ou qui livrerait de la graine.
Strabon, géographe grec du Ier siècle avant J.-C., pense que la soie pousse sur un arbre.
Garder le secret de fabrication, c'est refuser de livrer des œufs. Tous les peuples qui en ont acquis en fraude adoptent la même attitude que les Chinois car la soie est un produit qui vaut très cher, plus cher que l'or et il n'est pas souhaitable que tout le monde puisse en détenir la fabrication.

VERS UN RENOUVEAU ?

Dans les années 70, un instituteur, Michel Costa, fait élever des vers à soie par ses élèves de Monoblet dans le Gard. Les vers sont élevés dans une magnanerie.
Petit à petit, des particuliers apportent leurs cocons et la production monte à 300 kg de cocons. En 1976, l'Association pour le développement de la sériciculture en Cévennes est créée avec pour ambition la relance de la filière soie des Cévennes. En 1982 sont montés un atelier de moulinage et un de teinture, en 1984 un de tissage et en 1986 un de confection avec un matériel très moderne.

Soixante producteurs du Gard, de l'Hérault, de l'Ardèche, de la Drôme, du Vaucluse participent à l'association. La production atteint 3 t de cocons.
L'association garde un caractère artisanal. Elle ne vend pas de soie aux industriels.

Aujourd'hui, les industriels, qui fabriquent des vêtements de soie, dépendent entièrement de la Chine pour leur approvisionnement en soie grège. La France ne produit plus de graines ; le Japon en est le principal producteur mondial.

En 1993, un programme communautaire *Eurochrysalide* est né. Ce programme comprend :

– le lancement de la production de cocons dans d'autres pays d'Asie, d'Amérique du Sud et d'Afrique ;

– l'installation d'un centre de grainage au Pradel, près de Villeneuve-de-Berg en Ardèche, grâce aux recherches de l'université Claude-Bernard de Lyon

Le *kokuso* 21
Ce mûrier, le *kokuso* 21 d'origine japonaise, s'est très bien acclimaté dans le sud de la France et donne des feuilles d'avril à novembre.
Sa culture en basse tige facilite le ramassage de la feuille.

et à l'unité séricicole de La Mulatière, pour la mise au point d'une chenille hybride donnant en moyenne 1 500 m de fil de soie ;

– la mise en place au Mazel, dans le Gard, d'une bassine ultra-moderne à dévider les cocons destinée à former aux techniques de la filature ceux qui sont susceptibles de se lancer dans cette activité. En effet, on n'importe pas des cocons mais du fil ;

– la création d'une station d'essais de qualité de la soie grège à l'institut textile de France à Ecully.

Dans ce programme, la production des éleveurs français servira à fournir des cocons au centre de grainage du Pradel et à alimenter la filature du Mazel pour la formation et la production artisanale de vêtements de soie.

Collections de la maison de la soie à Saint-Hippolyte-du-Fort (Gard)

A lire

Magnaneries et vers à soie de Hervé Ozil, Éditions de Candide, La Villedieu (Ardèche).
La soie de la graine au tissu de Yves Fattori - Musée des Arts et Traditions populaires de Moyenne Provence, Draguignan (Var).

Adresses utiles

La Magnanerie de Saillans, élevage de vers à soie - 26340 Saillans.
Écomusée - Maison de la soie - Saint-Hippolyte-du-Fort (Gard).
Maison des canuts, 10, rue d'Ivry - 69004 Lyon.
Musée historique des tissus, 34, rue de la Charité - 69002 Lyon.
Association internationale de la soie, 34, rue de la Charité - 69002 Lyon.
Unité séricicole nationale, 25, quai Jean-Jacques-Rousseau - 69350 La Mulatière.

Glossaire

Âge : temps qui sépare deux mues.

Bave : nom donné au fil de soie sécrété par les glandes.

Bistanclac : l'ensemble des bruits du métier a donné naissance à une onomatopée, **bistancla**c : **bis** pour le passage de la navette, **tan** pour le bruit du mécanisme engendré par les pédales et **clac** pour le rabat de la pièce de bois.

Blaze ou bourre : soie lâche qui a servi à la fixation du cocon.

Bombyx du mûrier : nom du papillon nocturne d'un blanc grisâtre, originaire de Chine du Nord. Il sort du cocon après que le ver à soie se soit transformé en chrysalide.

Bourre ou blaze : soie lâche qui a servi à la fixation du cocon.

Canette : petit cylindre en forme de cône sur lequel est enroulé le fil de trame avant d'être placé dans la navette.

Canut : ce terme désigne l'ouvrier tisseur de soie à Lyon.

Canut (Révolte des) : sous le premier Empire, un canut gagnait 4 à 6 francs par jour.

En 1831, le salaire est tombé à 18 sous, soit moins de 1 franc (20 sous).

En octobre 1831, les ouvriers de la soie demandent un tarif minimum. Le préfet presse les fabricants de fixer un tarif, craignant des désordres devant l'attitude déterminée des ouvriers.
Le 27 octobre, le tarif est affiché, mais l'ensemble des fabricants ne se sent pas lié par une décision prise par quelques-uns d'entre eux : le tarif n'est pas une obligation légale.
Le 21 novembre éclate l'insurrection : les canuts sont rejoints le lendemain par les ouvriers d'autres métiers.
Le 23, ils sont maîtres de la ville.
La division des insurgés entre ceux qui se battent pour le tarif et ceux qui souhaitent élargir l'action à des revendications politiques provoque la fin du mouvement : le travail reprend le 28.
Le 3 décembre, le duc d'Orléans et le ministre de la Guerre, accompagnés de 20 000 soldats, arrivent à Lyon. Le tarif est supprimé, quatre-vingt-dix ouvriers sont arrêtés, onze seront jugés et acquittés en 1832.
Cette révolte, qui se termine par un échec, a cependant prouvé la force des canuts quand ils sont unis et organisés.

A la suite de ces événements est créée une presse ouvrière *L'Écho de la Fabrique* où sont développées les revendications du droit d'association et du droit de vivre en travaillant.

En 1834, treize ouvriers de la soie arrêtés après une grève de dix jours pour obtenir une augmentation de salaire sont jugés à Lyon.

Le devoir mutuel appelle à la grève générale pour le 9 avril, jour du jugement. L'armée quadrille la ville. Un provocateur tire sur un gendarme : c'est le début de l'insurrection. Pendant cinq jours, 10 000 soldats s'opposent à 2 000 ou 3 000 civils dont seuls 10 % possèdent une arme. Au 15 avril, 131 militaires et 192 civils ont été tués.

Cette insurrection est politique. On revendique la république. D'autres villes se joignent au mouvement : Saint-Étienne, Grenoble, Vienne, Marseille, Épinal, Clermont, Chalon-sur-Saône, Lunéville et Paris. Partout la répression est sanglante.
Les insurrections de Lyon sont considérées comme le début du mouvement ouvrier qui se développera tout au long du XIXe siècle.
Aujourd'hui, il ne reste qu'une dizaine de canuts à Lyon répartis dans trois ateliers. Le métier mécanique ne permet que l'utilisation de sept couleurs au maximum ; seul le métier à bras Jacquard permet la réalisation de dessins plus colorés. Ainsi, les derniers canuts ne travaillent-ils que sur commande pour la restauration des monuments historiques ou pour des particuliers.

Musée historique de Lyon

Photographies prises à la Maison des canuts à Lyon

Chaîne : fils tendus dans le sens de la longueur sur le métier à tisser.

Décoconnage ou déramage : opération qui consiste à enlever les cocons de leur support et à les trier.

Diapause : arrêt du développement de l'embryon dans l'œuf du ver à soie, quatre à cinq jours après la fécondation.

Éducateur : nom donné à un éleveur de vers à soie.

Estivation : vie au ralenti de la graine pendant quatre mois à une température de 22 °C.

Fabrique lyonnaise : l'industrie de la soie à Lyon date de François Ier qui en fut le promoteur. Cette activité fait de Lyon, au XIXe siècle, la première ville industrielle de France. La ville comptait 135 000 habitants en 1830, auxquels s'ajoutaient 40 000 personnes habitant les faubourgs de Vaise, la Croix-Rousse et de la Guillotière. La moitié des habitants vivaient du tissage de la soie.
La Fabrique est le nom que l'on donne à l'organisation de cette industrie ; ainsi on distingue trois groupes d'inégale importance :

– **Les négociants ou les fabricants** qui ne fabriquent rien : ce sont des entrepreneurs qui détiennent les capitaux, c'est-à-dire l'argent ; ils procurent la matière première, la font teindre, choisissent le dessin à réaliser et proposent le travail aux ouvriers, en fixant eux-mêmes les salaires. Ils sont 400.

– **Les chefs d'atelier ou maîtres-ouvriers** : ils sont 8 000, ils travaillent à domicile sur des métiers dont ils sont propriétaires. Ils en possèdent de deux à six.

– **Les compagnons**, au nombre de 30 000, ne possèdent que leurs bras ; ils travaillent et vivent chez les chefs d'atelier.

Chefs d'atelier et compagnons sont payés à façon, c'est-à-dire à la pièce tissée.

De nombreux autres métiers dépendent de la Fabrique : les teinturiers, les plieurs, les liseurs, les dévideuses, les ourdisseuses...

En 1831, la Croix-Rousse est connue dans la France entière et même au-delà des frontières.

Fibroïne : principal constituant de la soie.

Filature : opération manuelle ou mécanique qui permet de récupérer les fils de soie, après avoir ramolli les cocons dans de l'eau chaude.

Frèze (la grande) : temps où le ver à soie ne fait que manger.

Graine : nom donné à l'œuf du ver à soie.

Grès ou séricine : glu soyeuse qui enrobe la fibroïne.

Hivernation : période d'environ trois mois pendant laquelle les œufs du ver à soie doivent subir l'action du froid pour reprendre leur développement.

Incubateur : appareil chauffé qui permet de faire éclore les œufs du ver à soie.

Incubation : temps d'environ douze jours qui, progressivement, mène les œufs du ver à soie à l'éclosion.

Magnanerie : bâtiment où sont élevés les vers à soie ; ce mot vient du terme *magnan*, nom provençal du bombyx.

Métier Jacquard : métier à tisser mis au point au début du XIXe siècle. Ce métier a perdu ses lacs remplacés par un carton perforé ; les perforations permettent le passage d'aiguilles qui commandent la levée des fils de chaîne. Une seule pédale est nécessaire pour faire avancer le carton perforé d'un cran. Il ne faut qu'un seul ouvrier pour faire fonctionner ce métier. Les canuts n'ont pas vu d'un bon œil l'arrivée de cette invention qui retirait le travail à bon nombre d'enfants ; ils ont même tenté de jeter Jacquard, dans le Rhône.

Le dévidage

Métier à la tire : métier à tisser dont on soulève certains fils de la chaîne par des lacs pour laisser passer la navette.

Moulinage : opération qui consiste à tordre le fil de soie afin de le rendre plus résistant.

Mue : changement de peau du ver à soie devenue trop petite. Le ver à soie subit quatre mues.

Mûrier : arbre dont les feuilles servent de nourriture au ver à soie.

Pébrine : maladie qui frappa la sériciculture au XIXe siècle ; cette épidémie donna aux vers à soie une couleur grise, couleur du poivre (en provençal, *pèbre* signifie poivre).

Route de la soie : nom donné au XIXe siècle à la route commerciale qui s'était mise en place dès le Ier siècle avant J.-C. entre l'Occident et l'Orient pour échanger de la soie, mais aussi des épices, des parfums, des bois aromatiques, de l'ivoire, du coton, de la porcelaine, du papier...

Sériciculture : élevage du ver à soie pour obtenir de la soie naturelle.

Jambonneau

Houppe confectionnée à partir du byssus du jambonneau. Musée océanographique de Monaco.

Soie : seul fil continu et de grande longueur fourni par la nature. Elle est produite par le ver à soie, espèce domestiquée par l'homme, mais aussi par un grand nombre d'autres espèces animales.

De nombreux invertébrés produisent de la soie. Chez les insectes, la larve du phrygane, qui se confectionne au fond de l'eau un fourreau de protection, fabrique un filet en soie qui lui servira pour « pêcher » ses proies. D'autres insectes comme les staphylins, des mouches, des taons, certaines puces utilisent la soie pour la fabrication de logettes d'abris, comme les cocons.

Soie d'araignée : les araignées sécrètent de la soie pour fabriquer les cocons qui protègent leurs œufs. Elles l'utilisent aussi comme fil de sécurité pour amortir les chutes lors de déplacements, comme fil de rencontre entre les individus d'une même espèce, comme fil de dispersion permettant l'éparpillement des jeunes au gré des vents, et bien sûr, comme fil de chasse sous la forme des célèbres toiles d'araignées. La soie des araignées est sécrétée au niveau des filières abdominales.

L'homme a tenté d'utiliser les araignées comme source d'approvisionnement en soie. Il faut dire que la soie d'araignée est plus fine et plus tenace (résistante) que celle du ver à soie. Au XVIIIe siècle, la récolte des nids en soie de l'épeire diadème avait permis de fabriquer quelques paires de bas et de gants en soie (une paire de bas a été offerte au roi d'Espagne, Charles III).

A partir du XIXe siècle, il y eut des tentatives d'élevage d'araignées de grande taille. A Madagascar, la soie produite par la *Nephila madagascariensis,* encore appelée halabé, était de couleur jaune doré. Elle a permis de confectionner quelques étoffes. Au XXe siècle, les coûts de fabrication très élevés ont conduit à l'abandon de cette tentative d'exploitation.

Très récemment encore, les fils de soie d'araignées étaient employés dans la confection de réticules pour les instruments optiques.

Soie marine : plusieurs groupes de coquillages comme les moules, les pectens (coquilles saint-Jacques) se fixent sur les fonds marins par l'intermédiaire d'un byssus, touffe de filaments très fins sécrétés sous forme d'un liquide soyeux durcissant au contact de l'eau.

Le byssus du jambonneau, coquillage de grande dimension répandu au large des côtes méditerranéennes, a été remarqué depuis l'Antiquité. Il était exploité pour fabriquer des étoffes, des habits d'apparat ou des ornements somptueux destinés aux femmes grecques et romaines. Cette industrie, répandue le long des côtes dalmatiennes de l'Italie, mais aussi à Palerme et sur l'île de Malte, a subsisté à Tarente jusqu'à ces dernières années.

Jeunes filles malgaches rassemblant des araignées. École professionnelle de Tananarive à la fin du XIXe siècle.

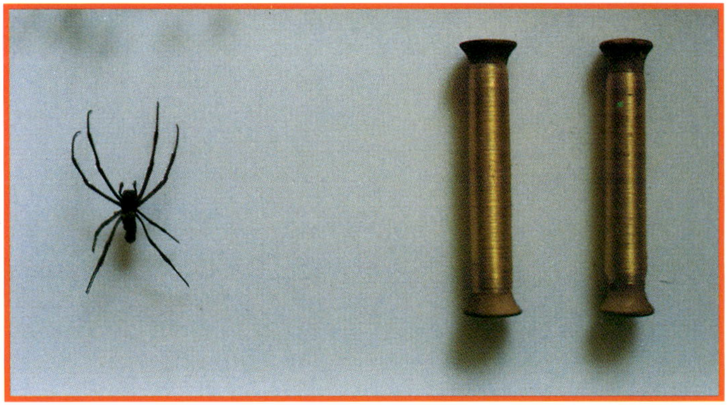

Araignée *Nephila madagascariensis* et bobines de soie

Papillon *Antheraea*

Soie sauvage : chez de nombreux lépidoptères, la chenille se confectionne un cocon de soie à l'intérieur duquel elle se transformera successivement en chrysalide puis en papillon. La soie est émise sous la forme d'un fil continu pouvant atteindre plusieurs centaines de mètres de long.
Les espèces de papillons séricigènes produisant les fils de soie les plus longs et les plus résistants, mais aussi les cocons les plus facilement dévidables, ont depuis longtemps intéressé l'homme pour la confection de pièces vestimentaires ou décoratives. Parmi les quatre cents espèces de papillons séricigènes, environ quatre-vingts espèces ont été exploitées pour la production de soie sauvage (par opposition à la soie du bombyx du mûrier). Aujourd'hui, seules quelques espèces sont encore utilisées, principalement en Asie (Inde et Chine). La production de soie sauvage représente environ 10 % de la production totale de soie.

La soie *Tussah* est la plus répandue. Elle est produite par plusieurs espèces asiatiques appartenant toutes au genre *Antheraea*. Généralement, l'élevage des chenilles s'effectue directement sur les arbres de la forêt, tandis que certaines opérations comme la reproduction sont strictement contrôlées par l'éleveur.

La soie *Muga* est produite par les chenilles d'*Antheraea assamensis*, espèce localisée dans la vallée du Brahmapoutre en Inde. Cette soie est d'une remarquable couleur jaune d'or.
La soie *Éri* provient de l'élevage de celles appartenant au genre *Philosamia*. Par ailleurs, certaines populations asiatiques mangent des chrysalides.

D'autres types de soie autrefois répandus tendent aujourd'hui à disparaître. La soie *Fagara* était répandue depuis le Soudan jusqu'à l'Australie. Elle est produite par les espèces du genre *Attacus* comprenant les plus grands spécimens connus de papillons. Les espèces du genre *Anaphe* sont de petite taille et se rencontrent en Afrique. Elles confectionnent des cocons collectifs dont la soie était jadis utilisée.

Trame : mot générique qui désigne le fil contenu dans la navette. Ce fil, la trame, sera placé entre les fils tendus de la chaîne et dans le sens de la largeur du tissu.

Veste : nom donné à la couche de soie « bavée » par le ver à soie.

INDEX

Les chiffres en **gras** renvoient au texte, les autres aux photographies.

Accouplement (**22**, 22, 26) ; âge (**9, 10, 11, 34**) ; alimentation (**12, 13, 14**) ; *Antheraea* (**39**, 39) ; appareil digestif (**14**, 14, **23**) ; appareil reproducteur (**14**, 14, **15**, 15) ; araignée (**38**, 39) ; Ardèche (**32**) ; atelier de tissage (**30**) ; bave (**13, 14, 34**) ; bistanclac (**34**) ; blaze (**16, 19, 34**) ; bombyx du mûrier (**2, 21**, 21, **22**, 22, **23**, 23, **26**, 26, **34**) ; bourre (**16, 19, 27, 34**) ; bruyère (**12**, 12, **13**) ; canette (**34**, 34) ; canut (**34, 35**) ; canut (révolte) (**34, 35**, 35) ; Cévennes (**24, 32**) ; chaîne (**36**, 36) ; chenille (**2**, 2, 3, **7**, 7, 25, **30, 33**) ; Chine (**2**, 3, **26**, 26, **27**, 27, **28**, 28, **29, 31, 32, 39**) ; chrysalide (**16, 20**, 20, **21**, 21) ; cocon (**2, 12**, 12, **13**, 13, **16, 17, 18, 22, 23**, 26, 27) ; croisade (**29**) ; croissance (**8**) ; décoconnage (**16**, 16, 30, 31, **36**, 37) ; dévidage (**16**, 16, 27) ; diapause (**5, 36**) ; Drôme (**30**) ; éclosion (**6, 7**, 7) ; éducateur (**9, 12, 19, 23, 36**) ; élevage (**5, 23, 24**, 24, **25**, 25, 26, 27) ; estivation (**5, 36**) ; éventail (3) ; Fabrique lyonnaise (**30, 36**) ; fibroïne (**14**, 14, **37**) ; filature (**16**, 16, **17**, 17, 18, **37**) ; filature manuelle (**17**, 17) ; filature mécanique (**18**, 18, **32**, 32) ; frèze (**11, 37**) ; Gard (**30, 32**) ; graine (**4**, 4, **5**, 5, **32, 33, 37**, 37) ; grès (**14**, 37) ; Hérault (**32**) ; hérisson (**13**, 13) ; hivernation (**5, 37**) ; incubateur (**6**, 6, **37**) ; incubation (**6, 37**) ; Inde (28, **29, 30**, 39) ; insecte (**38**) ; jambonneau (**38**, 38) ; Lucques (**30**) ; Madagascar (**38**, 39) ; magnanerie (**24**, 24, **25**, 25, **30, 37**, 37) ; mandibule (**11**) ; métamorphose (**20**, 20, **21**, 21) ; métier Jacquard (**37**) ; métier à lacs (**37**) ; métier à tisser (34, 36) ; microscope (30) ; moulinage (**19**, 19, **37**) ; mue (**8**, 8, **9**, 9, **37**) ; mûrier (**6, 10**, 10, **11**, 11, **30**, 32, **37**) ; nourrissage (**10**, 10, **11**, 11, 26) ; nourriture (**10**, 10, **11**, 11, 26) ; nymphe (**21**, 21) ; œuf (**4**, 4, **5**, 5, **6, 7**, 7, **22, 31**) ; papillon (**21**, 21, **22**, 22, **23**, 23, **39**, 39) ; Pasteur (Louis) (**30**) ; pébrine (**30, 37**) ; Pise (**30**) ; reproduction (**15**, 15, **22**, 22) ; route de la soie (**15**, 15, **22**, 22) ; sac (graine) (**6**) ; secret de fabrication (**30, 31**) ; sériciculture (**2, 30, 31**, 31, **32, 33**) ; séricine (**14, 37**) ; Serres (Olivier de) (**30**) ; soie (**2, 13, 30, 31, 38, 39**) ; soie d'araignée (**38**, 39) ; soie grège (**19**, 19, **30**) ; soie (histoire) (**26**, 26, **27**, 27) ; soie marine (**38**, 38) ; soie sauvage (**39**) ; tablier (incubation) (**6**, 6) ; température (**5, 6, 8**) ; tissage (cocon) (**12**, 12, **13**) ; tissu (**32, 33**) ; trame (**39**) ; tube fileur (**13**) ; Vaucluse (30) ; ver à soie (**2 à 33**, 2, 3, 10, 11, 12, 20, 21, 25, 26, 27, 30, 31) ; veste (**13, 39**) ; Vivarais (**24**).

Mots-clés :

Bombyx du mûrier, chenille, Chine, éducateur, magnanerie, mûrier, papillon, route de la soie, sériciculture, soie, tissu, ver à soie.

Couverture : Ver à soie tissant son cocon
Photo : JACANA/Noailles

Ce livre a été conçu par Henri RENOUD-LYAT et Marie-France PUTHOD
Collaborateurs :
Pierre MAS, directeur-adjoint de l'unité séricicole de La Mulatière (Rhône), R. MONNANT Cooptiss Lyon (Rhône), Christine PASTOR, Association pour le développement de la sériciculture en Cévennes, Saint-Hippolyte-du-Fort (Gard), Joël CLARY, conservateur-adjoint du musée Guimet d'histoire naturelle de Lyon (Rhône) et Jean-Pierre JAUBERT.

Photographies : Hervé OZIL : p. 4, 5, 6 (au centre et en bas), 7, 8 (en bas), 9 (en bas), 10 (en bas à droite), 11, 12, 13 (en bas), 16, 18, 19, 20, 21, 22, 23, 25, 26, 27, 30 (en bas), 31 (en haut à droite et en bas), 32 (à gauche), 37 (en haut et au centre) - Unité séricicole La Mulatière (Rhône) : p. 8, 10 (en bas à gauche), 13 (en haut), 14 (en haut), 32 (à droite) - Bibliothèque nationale, Paris : p. 6 (en haut), 10 (en haut), 17 - Centre régional de documentation occitane Mouans-Sartoux (Alpes-Maritimes) : p. 30/31 (en haut) - SCALA : p. 29 - JACANA/Chaumeton : p. 2/3 - ZIOLO/Lavanel : p. 3 (en insertion) - François GOALEC : p. 24, 37 (en bas) - Marie-France PUTHOD : p. 34, 38, 39 (en haut et au milieu) - Maison de la soie Saint-Hippolyte-du-Fort : p. 33 - VERICEL Lyon : p. 36 - Musée Guimet d'histoire naturelle de Lyon : p. 39 (en bas) - Musée historique de Lyon : p. 35.

Loi n° 49.956 du 16.07.1949 sur les publications destinées à la jeunesse.
Dépôt légal : 2e trimestre 1993
ISSN - 1167-4954
ISBN - 2-87785-313-6
Relié en France par BRUN - Malesherbes

PUBLICATIONS DE L'ÉCOLE MODERNE FRANÇAISE - Parc de l'Argile - Voie E - 06376 Mouans Sartoux Cedex

BT
NATURE